OBSERVATIONS
ET PROJET DE DÉCRET

Sur l'Imprimerie et la Librairie.
Par Fiévée.

OBSERVATIONS.

Le commerce de la librairie est du plus grand intérêt pour l'État, puisqu'il donne la vie aux pensées bonnes ou mauvaises ; mais il ne s'ensuit pas qu'il faille une grande administration pour le diriger.

Il suffit de distinguer dans ce commerce ce qui lui appartient particulièrement de ce qui se conduit par les lois applicables à toutes les professions, et de s'entendre sur la signification des mots *imprimerie* et *librairie*, considérés sous les rapports de l'administration.

L'imprimerie est une entreprise ; la *librairie* est un commerce. Cette distinction réelle va donner de suite les moyens de classer ces deux professions.

L'*imprimerie* est une entreprise, c'est-à-dire qu'elle ne mène à sa suite aucune spéculation. On va chez un imprimeur ; on fait un prix par feuille d'impression de tel format, de tel caractère, tirée à tel nombre ; il ne peut rien gagner au-delà du bénéfice convenu d'avance ; il ne peut rien perdre, à moins de n'être pas payé de celui qui l'emploie. Fût-il né le plus grand spéculateur du monde ; comme imprimeur, il ne gagnerait pas plus que celui qui ne sait que les deux premières règles de l'arithmétique. Il peut être savant, habile ; mais il n'est ni négociant, ni marchand ; il ne fait aucune spéculation ; c'est un entrepreneur.

Puisque ses bénéfices ne dépendent pas de lui, mais des spéculations de ceux

qui l'emploient, il est clair qu'en bonne administration, le nombre des imprimeurs doit être fixé : car lorsqu'une profession ne peut faire vivre qu'un nombre
déterminé d'individus, et que le Gouvernement ne limite pas ce nombre, il lui
est impossible de compter sur la probité de ceux qui l'exercent. La misère présente étourdit sur la crainte des conséquences futures. L'imprimerie est une arme
terrible qu'il ne faut pas laisser entre les mains des malheureux. Cette raison
politique était aussi connue autrefois que la raison politique des lois sévères sur
la chasse. Ceux qui ne voient que le délit du braconier qui tue un lapin, et ceux
qui ne voient dans l'imprimerie qu'une profession, commettent la même
erreur.

Il y avait à Paris trente-six imprimeurs, et trois imprimeries privilégiées, l'imprimerie royale, celle des fermes et celle de la loterie. Comme on imprime
maintenant plus qu'autrefois, indépendamment des ouvrages littéraires, je crois
que le nombre des imprimeurs à Paris peut être porté à cinquante. Ils vivront
honorablement, sans aller à la fortune ; mais cela suffit en bonne administration ;
et s'il en résulte que le fils succède à son père, l'art de l'imprimerie, aujourd'hui
dans un état déplorable, se rétablira plus beau qu'il n'a jamais été, parce qu'il
y a des progrès réels dans toutes les parties qui dépendent de la main-d'œuvre.

En réduisant le nombre des imprimeurs de Paris à cinquante, on ne fera tort
à personne. Il n'y a pas à Paris plus de cinquante imprimeries ayant quatre presses
montées et les caractères nécessaires pour les faire rouler ; or il est impossible
qu'un imprimeur vive lui, sa famille, paye son loyer et ses impôts, avec une
imprimerie moindre que celle indiquée ci-dessus. Beaucoup d'ouvriers, qui ont
été tentés par la liberté illimitée donnée pendant la révolution, ne quittent pas,
parce qu'ils attendent, pour se décider, l'organisation de la librairie depuis si
long-temps promise. De même, beaucoup d'imprimeurs ayant un bon fonds de
presses et de caractères, mais ne faisant rien, restent imprimeurs, parce qu'ils
espèrent toujours une organisation. Plusieurs ont des places indépendamment
de leur état.

En réduisant le nombre des imprimeurs de Paris à cinquante, outre que l'on fait
une chose bonne en administration, on fait une chose excellente en politique : la
surveillance devient alors possible ; des hommes qui ont un état fixe et honorable
sont moins disposés à agir contre les lois, 1.° parce qu'ils risquent davantage,
2.° parce que l'aisance est une garantie de la probité et fait désirer d'obtenir
de la considération. Un fait sans réplique. Des libelles qui couraient en France
avant la révolution, aucun ne s'imprimait à Paris, à moins qu'il ne fût secrè-

tement autorisé par un ministre; ce qui arrivait souvent à MM. de Choiseul, Maurepas et Turgot. Cette dernière considération doit entrer pour beaucoup dans la pensée de SA MAJESTÉ, et lui faire connaître l'importance d'avoir dans cette place un homme étranger à toute ambition, à toute autre crainte que celle de manquer à ses devoirs.

Le nombre des imprimeurs étant borné, celui des apprentis est alors calculé sur le besoin probable d'ouvriers; et c'est ainsi que l'administration parvient à garantir même à l'artisan la sûreté de vivre dans l'état qu'il a embrassé. Aujourd'hui le maître imprimeur travaille de ses mains, baisse les prix, se prête à donner aux avoués des quittances de 500 feuilles tirées pour des mémoires ou des affiches, tandis qu'il n'en imprime pas réellement un cent; il aide aux vols pour avoir du pain, et l'ouvrier en manque. Telle est la situation secrète d'un état que quelques personnes légères disent être en prospérité. Je suis convaincu que plus les professions sont fixées, moins il y a de malheureux, et que l'effet infaillible de la liberté illimitée est d'augmenter le nombre des pauvres. A cet égard, toutes les expériences sont faites.

Ce qui concerne les apprentis imprimeurs est d'une extrême importance, parce que du réglement naîtront les bons protes; il n'y en a pas un seul aujourd'hui en France. Ceci n'est point une exagération. Aussi les ouvrages fourmillent-ils de fautes. En distinguant, comme cela doit être, les apprentis qui aspirent à la maîtrise, des apprentis qui n'ont pas l'espoir d'être maîtres, on est assuré d'avoir des protes comme autrefois, c'est-à-dire, comme trente ans avant la révolution, où l'on prit la triste mesure de ne plus faire d'apprentis autorisés à concourir pour les imprimeries vacantes avec les fils de maîtres. De cette mesure est née la décadence de l'imprimerie sous le rapport de la correction des ouvrages.

Résumons. L'imprimerie n'étant qu'une entreprise dont le total des bénéfices peut être calculé, le nombre des imprimeurs doit être fixé par le Gouvernement. Les imprimeurs paieront une patente, pour ne pas déroger au système des finances relatif au commerce; et en cela ils appartiennent aux lois générales : mais ils seront brevetés par le directeur de la librairie; et comme l'administration les aide réellement en bornant la concurrence, ils paieront un brevet ou une maîtrise de la manière prescrite par le décret. J'ose assurer qu'ils ne se plaindront pas plus que les notaires, les agens de change et les avoués ne se plaignent; car les motifs sont ici les mêmes; et quand les imprimeurs auront un état fixe, ils se marieront bien, seront au nombre des citoyens qui craignent les changemens politiques et qui n'ont aucune jalousie des classes élevées. Qu'il y a de biens compris dans l'ordre !

Si le nombre des imprimeurs doit être borné, parce qu'ils ne sont que des entrepreneurs, le nombre des libraires ne peut pas l'être, parce qu'ils sont des négocians, qu'ici l'homme tire beaucoup de ses propres ressources, et qu'aucun Gouvernement ne peut prévoir où le spéculateur s'arrêtera. Ainsi les libraires restent soumis aux lois générales sur les patentes ; et c'est par cette même loi générale, que l'imprimeur, breveté comme imprimeur, peut, s'il le veut, unir à sa profession celle de libraire.

Mais le mot *libraire* présente un sens vague qu'il faut définir, non en grammairien, mais pour suivre les deux branches distinctes de ce commerce, telles qu'il les reconnaît lui-même.

Il y a le libraire qui fabrique des livres, et le libraire qui se borne à en vendre : le premier est un négociant ; le second est un marchand qu'on appelait autrefois *bouquiniste* ; c'était trop restreindre cet état ; l'expérience l'a prouvé. Il faut donc s'en tenir aux définitions que les libraires eux-mêmes reconnaissent entre le fabricant et le marchand.

Ici la librairie cesse de pouvoir être considérée par les lois générales du commerce : elle donne la circulation aux pensées bonnes ou mauvaises ; la sûreté du Gouvernement, la tranquillité publique, les mœurs, sont intéressées dans ses spéculations ; il lui faut une surveillance particulière, sûre et peu onéreuse. Pourquoi ne profiterait-on pas, pour mieux l'établir, de la distinction réelle de ces deux branches de commerce !

En laissant les libraires-fabricans soumis aux lois générales sur les patentes, il faut les classer par les formes de leur réception et par une finance particulière qui ne blessera pas leurs intérêts, parce qu'elle leur assurera un droit, et qui ne blessera les intérêts d'aucun concurrent, puisqu'aux mêmes conditions de science acquise et de finance, tout libraire-marchand pourra passer dans la classe des libraires-fabricans, le nombre n'en étant pas fixé. Ainsi s'établit la distinction que l'on déclarait impossible entre la librairie considérée dans ses rapports avec la littérature, et les chansons des rues, les petits almanachs et tant d'autres sottises nécessaires auxquelles on rougirait de mettre le sceau de l'autorité, et qui, quoique surveillées sous les rapports de police, seront abandonnées aux libraires-marchands et passeront sous les yeux du directeur de la librairie, sans compromettre sa dignité ; au contraire.

La surveillance du directeur de la librairie, déjà bornée à cinquante imprimeurs pour la capitale, n'aura plus à s'étendre d'une manière active que sur les libraires-fabricans : car quand les imprimeurs et ceux qui les emploient ne font rien contre les lois, il est impossible que ceux qui vendent mettent en circulation d'autres livres que ceux qui sont autorisés. L'éducation que le Gouvernement ne peut pas demander aux libraires-marchands ou bouquinistes, il a droit de l'exiger des libraires - fabricans. La haute librairie se relève aussitôt dans l'opinion publique et dans l'opinion de ceux qui l'exercent ; la littérature y gagne, et les lois sont moins exposées à être violées, parce que plus la profession d'un homme est honorable et sûre, moins il est tenté de s'exposer à la ruine et au déshonneur.

Après avoir examiné en peu de mots le matériel de l'imprimerie et de la librairie, il me semble qu'il est facile de poser, d'une manière sûre, les bases du décret dans cette partie. Sans avoir encore pu travailler sur la partie littéraire et politique, je suis sûr de l'ensemble.

Il est impossible de présenter un projet de décret sans motiver les dispositions qui ne ressemblent pas à celles des projets discutés dans le Conseil d'état ; ces motifs exigent presque toujours de longs développemens. Je tâcherai d'être bref.

Je mets la direction de la librairie dans le ministère de l'intérieur, et non dans le ministère de la police, par deux raisons principales. 1.° Le ministre de la police n'a pas de fonctions administratives, mais une surveillance générale ; il ne faut pas confier l'action à celui qui doit la surveiller. A ces deux considérations politiques, il n'est pas inutile de joindre les égards dus aux littérateurs et marchands, sur-tout dans un moment où on veut les rappeler à leurs devoirs : ce qui ne se peut sans leur accorder de considération. Le ministre de la police ne sera cependant pas oublié dans les parties qui exigent la surveillance, telles que les livres venant de l'étranger, et ce qui intéresse la tranquillité publique.

Le but politique du décret, sur l'organisation de la librairie, est de concilier la liberté de penser avec la sûreté de l'État : cela n'est pas impossible.

Il faut distinguer l'*auteur*, qui doit être et rester libre jusqu'à ce qu'il devienne *marchand*, des imprimeurs et libraires qui ne cessent jamais d'être entrepreneurs et marchands, et qui, à ce titre, sont toujours soumis aux lois qui règlent leur profession. Appliquer constamment la loi aux imprimeurs et libraires, *instrumens nécessaires des auteurs* ; pour les auteurs, avoir presque l'air de les oublier : c'est atteindre le but. Qu'est-ce qu'on entend par *liberté de penser* ! Ce n'est sûrement pas le droit d'employer contre la sûreté et la tranquillité de l'Etat, des hommes qui ne doivent la sûreté et la prospérité de la profession qu'ils exercent qu'à la protection du Gouvernement. L'auteur a la liberté de penser et d'écrire tant qu'il veut : mais lorsqu'il veut *vendre sa pensée*, en faire un moyen de commerce, il n'est plus auteur, il devient marchand ; il a besoin d'imprimeurs, de libraires : c'est là qu'il faut l'atteindre, parce que c'est là qu'il se manifeste par un caractère que l'administration peut saisir. Ce n'est pas que je veuille que l'on conserve l'usage ruineux et impolitique de n'examiner les livres que quand ils sont imprimés, et d'en saisir les éditions ; je veux seulement faire sentir que la loi doit bien plus s'appliquer *aux instrumens nécessaires des auteurs* qu'aux auteurs mêmes, parce que les premiers dépendent toujours de l'administration.

Le projet discuté au Conseil d'état a deux inconvéniens (le syndicat, et le tribunal de censure) que le ministre de la police a fort bien fait sentir, quoiqu'il ait mis dans cette discussion un ton de mépris vraiment étrange à l'égard des membres du Conseil du Souverain. Du reste, le projet du Conseil d'état a beaucoup de parties sages dans les détails ; le ministre les a prises : je l'imiterai, en les modifiant, pour les unir à l'esprit du projet que je présente.

Le projet particulier du ministre de la police a le plus grand des inconvéniens, celui d'éluder les difficultés, de prendre la perfection de la main-d'œuvre de l'imprimerie pour la perfection de l'art ; de ne pas sentir qu'il y a moins de contrefaçons qu'en 1777, parce que la librairie, devenue pauvre, offre moins d'ouvrages à contrefaire, et sur-tout de *faire reposer les frais de la direction de la librairie sur les amendes et confiscations ;* ce qui est convenir d'avance que la loi est si mauvaise, si mal faite, qu'il y aura beaucoup de contrevenans. Jamais aveu plus singulier n'a été fait dans un projet précédé d'un rapport remarquable par le ton d'assurance qui y règne. J'ose croire que les délits seront rares, et par conséquent les amendes. Cependant le ministre a le mérite d'avoir senti qu'une administration a besoin d'être dirigée par une seule main ; idée vraie dans une monarchie, et même dans une république.

La librairie est pauvre, il ne faut pas la charger ; mais elle doit faire les frais de l'administration destinée à la protéger, à la rétablir. Aucun des deux projets ne traite de cette partie.

Aucun n'a prévu un des plus grands obstacles de la prospérité de cette profession ; le voici : la contrefaçon positive est soumise aux tribunaux ; mais il y a une autre contrefaçon à laquelle les lois judiciaires ne sont pas applicables, qui désespère les libraires, et qui finirait par livrer leur profession aux brigands.

Paul fait imprimer le *Répertoire du Théâtre Français*, belle édition pour laquelle il s'engage de *cent cinquante mille francs*; c'est un ouvrage de bibliothèque. Un libraire, avec *dix mille francs*, fait le même ouvrage sous le titre de *Théâtre du second ordre*; l'édition est petite, sans aucune idée littéraire; elle tue la grande, et profite à peine à celui qui fait la petite. *Détaville* annonce un *Dictionnaire d'agriculture*, dont la rédaction est confiée à une société de savans distingués; l'entreprise est superbe et demande du temps. *Buisson* annonce le même ouvrage en six volumes, paraît de suite, ne gagne presque rien, et nuit à celui qui avait conçu la première idée. Celui-ci fait un *Dictionnaire grec*, impression ruineuse, si l'on n'a du temps pour vendre : celui-là va faire le *Vocabulaire grec*; le titre changé, et quelques mots de plus ou de moins dans le texte, il n'y a plus de contrefaçon devant les tribunaux. Enfin, le brigandage est poussé si loin, qu'aussitôt qu'il est connu qu'un libraire fait une belle entreprise, un autre libraire va lui dire qu'il a conçu le même projet, et en obtient, pour renoncer à une concurrence souvent imaginaire, trois ou quatre cents exemplaires qu'il s'empresse de vendre *au-dessous du cours;* ce qui fait tomber de suite l'édition. Telles sont les causes de la décadence du commerce de la librairie; telles sont les conséquences de la liberté illimitée, et en partie, les motifs qui m'ont fait distinguer les libraires-fabricans des libraires-marchands, afin de diminuer le désordre, en diminuant d'abord les concurrens. C'est en cela que la direction de la librairie n'est pas aussi simple que le dit le ministre de la police : c'est pour cela que je demanderai dans le projet, que le directeur de la librairie ait un *conseil commercial* formé d'imprimeurs et libraires qui ne seront pas payés, mais honorés, ce qui répondra à la chambre syndicale, sans en avoir les inconvéniens; puisqu'ils ne s'assembleront qu'avec lui et dans le nombre qu'il les appellera : par la même raison, je demanderai qu'il puisse se former un *conseil littéraire*, en appelant près de lui un nombre de censeurs nommés par SA MAJESTÉ; et quand la question sera à-la-fois commerciale et littéraire, il composera son conseil en conséquence. Dans les tribunaux, la loi doit être plus forte que les hommes; en administration, ce sont les hommes qui bonifient les réglemens : car il est impossible et *dangereux* de trop prévoir; preuve du danger.

L'article 35 du projet discuté au Conseil d'état, porte que « l'individu qui » aura fait le premier sa déclaration pour la traduction d'un ouvrage imprimé » à l'étranger, jouira en France des droits d'auteur. » Il s'établira dès-lors une compagnie d'agioteurs qui, instruits par une simple correspondance des ouvrages imprimés à l'étranger, iront déclarer qu'ils veulent traduire, et céderont ensuite ce droit acquis aux libraires, qui n'en seront pas moins obligés de payer les frais de traduction à celui qui traduira réellement. En administration, il ne faut pas prévoir légalement les cas particuliers. De bonnes lois générales, une profession honorée, le nombre de ceux qui l'exercent restreint par l'impossibilité que tous remplissent les conditions demandées pour être admis; et en quelques années la librairie reprendra son éclat.

Les ouvrages des auteurs morts il y a vingt ans appartiennent au public. Qu'est-ce que le public propriétaire! Ces ouvrages appartiennent au Gouvernement; et si l'on ne le dit pas en termes exprès, il faut du moins agir d'après cette conviction. Personne ne s'en plaindra, car la prospérité de la librairie l'exige; et les libraires le demandent. Au reste, cette propriété protectrice se borne à exiger que les libraires, avant de réimprimer d'anciens ouvrages, en fassent la déclaration au directeur de la librairie, qui, lorsqu'il aura accordé à un libraire l'autorisation de faire une édition de tel format d'un auteur mort, n'accordera pas demain la même permission à un autre, et après-demain à celui qui se présentera encore. Tous ces détails ne peuvent être fixés par une loi; et ici revient la nécessité d'un *conseil littéraire et commercial*, toujours avec appel de ses décisions au ministre de l'intérieur. Ainsi, point d'arbitraire d'une chambre syndicale, point d'arbitraire de la part du directeur de la librairie, et même point d'arbitraire de la part du ministre de l'intérieur : car, l'administration ne peut décider que ce qui est du ressort de l'administration; et si les contestations rentraient dans l'ordre judiciaire, et ne pouvaient être conciliées administrativement, les parties ont leur recours devant les tribunaux.

Je ne puis entrer dans les détails fastidieux qui justifieraient le moyen porté au décret, pour faire payer au commerce de la librairie l'administration de la librairie; qu'il suffise de dire que le droit est si léger, que chaque volume *in-8.* de cinq cents pages d'impression, ne paye pas au-delà d'un sou ou *cinq centimes*; qu'ainsi, pour une édition d'un fort volume *in-8.* à mille exemplaires, l'avance de l'éditeur-propriétaire est au plus de *cinquante francs*; que la perception n'entraîne aucun frais, aucune démarche nouvelle de la part du contribuable. J'ajoute que le commerce de la librairie ne s'en plaindra pas, parce qu'il y trouvera des avantages positifs.

Considération politique de la plus haute importance cachée sous ce léger droit.

Il est impossible de deviner, dans les projets discutés au Conseil d'état, ce que c'est qu'un livre soumis à des formalités, qui paraît sans autorisation positive, seulement parce qu'il n'y a pas prohibition, et sans porter aucune preuve de cette non-prohibition; ce qui ne donne aucune garantie à ceux qui en achètent pour le revendre, et aux inspecteurs chargés de la police de ce commerce. On n'a osé revenir aux priviléges approbatifs; on a bien fait; il ne faut pas employer un moyen bon, mais qu'on est parvenu à rendre odieux et ridicule. Cependant, puisqu'il est vrai que l'autorité intervient et fait bien d'intervenir avant que l'ouvrage soit imprimé ou mis en vente, il faut l'avouer formellement, mais dans des termes qui paraissent n'avoir pour but que de mettre la propriété littéraire sous la sauvegarde des lois. Les libraires le font lorsqu'ils impriment au revers du premier titre le décret contre les contrefacteurs. Puisqu'il va s'établir un ordre nouveau, pourquoi le directeur de la librairie ne mettrait-il pas sur le manuscrit avant de le rendre!

« Je déclare que N... *(le nom du libraire ou éditeur-propriétaire)* s'étant » conformé aux lois de la librairie pour la présente édition *(ici le titre de l'ouvrage,* » *le format et le nombre des volumes),* sa propriété est spécialement garantie » par l'autorité chargée de découvrir, de poursuivre et de punir les contre-» facteurs. »

(le jour, le mois, l'an, et la signature du directeur.)

Il n'est ici question ni de censure, ni d'approbation; les lois de la librairie comprennent *tout implicitement.* Le propriétaire a un titre, le contrefacteur une honte et une crainte de plus à surmonter, les surveillans un moyen simple de distinguer les ouvrages non prohibés; et le Gouvernement use de tous ses droits, sans que le plus habile critique puisse mal interpréter une déclaration aussi simple.

On pourra trouver des objections contre le projet que je propose : on en trouve contre tout, et souvent faute de comprendre qu'un article de loi n'est pas isolé, qu'il se rattache à l'esprit de la loi, et qu'il a prévu des conséquences que la loi ne détaille jamais. Je ne serai pas là pour répondre. Cependant, s'il était fait une objection forte, et qu'on voulût me la faire passer, j'en rendrai bon compte; car, si elle était valable, je l'avouerais, n'ayant aucun genre d'esprit contre ma conviction. Au reste, il ne s'agit pas d'un projet qui n'ait aucun inconvénient, mais d'un projet qui embrasse le système entier de la librairie; et rendre à ce commerce sa prospérité, en donnant au Gouvernement une surveillance sûre et facile, c'est le but que j'ai tâché d'atteindre.

PROJET DE DÉCRET.

TITRE I.er

Des conditions à remplir pour exercer la profession d'Imprimeur ou Libraire.

ARTICLE I.er

LE nombre des imprimeurs à Paris sera successivement réduit à cinquante. Tous ceux qui exercent aujourd'hui cette profession sont conservés de droit, pourvu qu'ils aient quatre presses montées et les caractères nécessaires pour les mettre en activité, et qu'avant le 1.er janvier 1810 ils fassent, devant le préfet de police, la déclaration qu'ils sont dans l'intention de continuer.

2. La même déclaration aura lieu par tous les imprimeurs de l'Empire, devant le préfet de leur département, dans le mois qui suivra la publication du présent décret. Le nombre des imprimeurs, dans chaque ville, sera réduit successivement, s'il est nécessaire, sur la demande des préfets adressée au directeur de la librairie, et d'après la décision du ministre de l'intérieur.

3. A l'avenir, pour être reçu apprenti imprimeur avec le droit de concourir pour une imprimerie vacante, soit à Paris, soit dans les départemens, il faudra avoir obtenu de l'université, dans les formes qui seront réglées, l'attestation qu'on sait traduire le latin et lire le grec.

4. Pour être reçu imprimeur, il faudra joindre à l'attestation obtenue de l'université, un brevet d'apprentissage signé par le maître imprimeur chez lequel on aura été élevé, et qui atteste qu'on a rempli les conditions qui seront déterminées par un réglement particulier sur les apprentis.

5. Les apprentis imprimeurs qui ne se destinent pas à

concourir pour une maîtrise, ne sont pas astreints aux conditions énoncées dans l'article précédent.

6. Les maîtres imprimeurs restent soumis aux lois générales sur les patentes, et peuvent joindre le commerce de la librairie à leur profession.

7. Tout imprimeur à Paris qui fera la déclaration qu'il est dans l'intention de continuer l'exercice de sa profession, et quiconque à l'avenir obtiendra une imprimerie vacante, paiera, en recevant son brevet du directeur de la librairie, la somme de trois mille francs. Il sera fait un réglement particulier sur les brevets des maîtres imprimeurs dans les départemens. Le brevet de maître imprimeur servira à celui qui l'aura obtenu tant qu'il exercera sa profession, et à sa veuve si elle la continue elle-même.

8. Trois mois après la publication du présent décret, tout individu qui exercerait la profession d'imprimeur sans être breveté par le directeur de la librairie, sera traduit au tribunal correctionnel, puni d'une amende qui ne pourra pas excéder deux mille francs ; son imprimerie sera fermée, et tous les objets qui la composent seront confisqués. S'il était convaincu d'avoir employé ses presses à imprimer des ouvrages contraires aux intérêts de l'État, à la tranquillité publique, aux mœurs, il resterait soumis aux lois qui concernent ce délit.

9. Les libraires-fabricans, c'est-à-dire ceux qui font imprimer des livres nouveaux, qui réimpriment d'anciens ouvrages, et qui par conséquent font le commerce de la librairie en gros, restent soumis aux lois générales sur les patentes. Ils seront de plus brevetés par le directeur de la librairie, et paieront, en recevant leur brevet, la somme de trois mille francs. Ce brevet servira à celui qui l'aura obtenu tant qu'il exercera le commerce en son nom, et à sa veuve si elle le continue elle-même. Il sera fait un réglement pour les libraires-fabricans des départemens.

10. A l'avenir, pour obtenir un brevet de libraire-fabricant, il faudra présenter un certificat de l'université qui

1622 *quater.*

atteste qu'on sait traduire le latin et lire le grec, et un brevet d'apprentissage dans les formes qui seront réglées. Ces conditions ne sont pas nécessaires pour les libraires-fabricans aujourd'hui en possession d'exercer le commerce de la librairie en gros, ni même pour les libraires-marchands qui, avant le 1.er janvier, déclareront devant le préfet de police qu'ils veulent se faire recevoir libraires-fabricans, et qui, dans les trois mois qui suivront la publication du présent décret, auront reçu leur brevet du directeur de la librairie.

11. Les livres nouveaux et les anciens ouvrages qui seront réimprimés, ne pourront être annoncés pour la vente, que chez les libraires-fabricans. Les auteurs qui font imprimer leurs ouvrages à leur compte, peuvent les faire annoncer à leur domicile ; mais s'ils croient devoir y joindre l'adresse d'un ou de plusieurs libraires, ils ne pourront imprimer que l'adresse d'un ou de plusieurs libraires-fabricans.

12. Les libraires-marchands restent soumis aux lois générales sur les patentes, et ne sont astreints qu'à obtenir, du directeur de la librairie, une permission d'ouvrir boutique, en se conformant aux lois sur la librairie. Ils pourront vendre et acheter tous livres vieux et neufs ; mais il leur est interdit de faire imprimer aucun ouvrage pour leur compte, d'annoncer aucune édition sous leur nom et à leur domicile, sous peine de deux mille francs d'amende et de confiscation.

13. Les libraires-marchands peuvent faire imprimer pour leur compte, et annoncer à leur domicile, les petits almanachs et autres ouvrages peu volumineux, qui, n'ayant aucun rapport avec les sciences, les lettres et les arts, n'ont besoin, pour circuler, que d'une permission de police accordée par les préfets : cependant, à Paris, ces ouvrages seront présentés au directeur de la librairie, qui les fera remettre aux propriétaires, paraphés, et ainsi apostillés, *Renvoyé au préfet de police.* Ces mots, et la signature du directeur de la librairie, seront imprimés au-dessus de la permission obtenue.

14. Le directeur de la librairie, assisté d'imprimeurs et de libraires-fabricans choisis par le ministre de l'intérieur, pourra régler des dédommagemens pour les imprimeurs qui, en exécution du présent décret, quitteraient leur état ; et ces dédommagemens, calculés d'après la valeur de leur établissement, seront pris sur les sommes provenant des brevets accordés aux imprimeurs qui continueront à exercer.

Le réglement du directeur de la librairie, relatif aux dédommagemens ci-dessus énoncés, sera soumis au ministre de l'intérieur, et ne sera valable que par son autorisation.

TITRE II.

De la Police de la Librairie.

15. Chaque imprimeur ou libraire-fabricant, indépendamment des livres à la tenue desquels il est obligé par le Code de commerce, doit avoir un livre coté et paraphé par le préfet du département, et à Paris, par le directeur de la librairie, où il inscrira le titre de chaque manuscrit qu'il imprimera ou donnera à imprimer, avec le nom de l'auteur.

16. Les inspecteurs de la librairie ont le droit de visiter en tout temps les ateliers, boutiques et magasins des imprimeurs et libraires ; de se faire représenter le livre indiqué à l'article précédent, et de constater les délits en matière de librairie. Les officiers de police peuvent faire les mêmes recherches pour les mêmes objets, pourvu qu'ils justifient à l'imprimeur ou libraire chez lequel ils se présentent, d'un mandat du préfet de police qui les y autorise.

TITRE III.

Des Formalités à remplir par les Auteurs, Imprimeurs et Libraires.

17. Il y aura des censeurs nommés par nous, sur la présentation de notre ministre de l'intérieur. Ils ne forme-

ront point une corporatio : ilmais dans les discussions parti-
culières qui intéressent la propriété littéraire, et qui peuvent
être terminées administrativement, sauf le recours des parties intéressées devant les tribunaux, le directeur de la librairie pourra appeler un nombre déterminé des censeurs
nommés par nous, et en former un conseil. Si ces discussions intéressent à-la-fois la propriété littéraire et commerciale, le directeur de la librairie appellera à ce conseil un
nombre déterminé de libraires-fabricans ou imprimeurs,
pris sur les quinze libraires-fabricans ou imprimeurs qui,
chaque année, seront désignés par nous à cet effet, sur
la présentation de notre ministre de l'intérieur.

18. Les auteurs qui font imprimer leurs ouvrages à leur
compte, et qui n'en annoncent la vente qu'à leur domicile,
peuvent ne pas les présenter à la censure avant de les livrer
à l'impression. L'ouvrage, dès qu'il est imprimé, entre
sous la surveillance de l'autorité publique, et est soumis
aux lois sur le commerce et la police de la librairie.

19. Aucun imprimeur ne peut mettre sous presse un
manuscrit, et aucun libraire ne peut mettre en vente un
livre, s'il ne porte la déclaration faite par le directeur de
la librairie, que l'éditeur propriétaire s'est préalablement
conformé aux lois de la librairie. Cette déclaration ne
portera ni approbation, ni le nom d'un censeur. Elle sera
conçue en ces termes :

« Je déclare que N.... *(le nom du libraire et imprimeur-*
» *éditeur)* s'étant conformé aux lois de la librairie pour la
» présente édition *(le titre de l'ouvrage, le format, le nombre*
» *des volumes)*, sa propriété est spécialement garantie par
» les autorités chargées de découvrir, de poursuivre et de
» punir les contrefacteurs. »

(Le jour, le mois, l'année, et la signature du directeur
de la librairie.)

20. Un auteur, éditeur de ses propres ouvrages, peut
obtenir la même déclaration, en se conformant aux dispositions ci-dessus énoncées; il est obligé de la demander,

s'il veut annoncer la vente de son ou de ses ouvrages chez un ou plusieurs imprimeurs ou libraires, puisque ceux-ci ne peuvent dans aucun cas se soustraire aux obligations qui leur garantissent la sûreté et la propriété de leur profession.

21. Le directeur de la librairie charge particulièrement un ou plusieurs censeurs de l'examen de chaque manuscrit ou ouvrage; leurs rapports signés lui sont remis.

22. En cas de réunion de plusieurs censeurs, le plus ancien les présidera.

23. L'éditeur d'un ouvrage ou le propriétaire d'un manuscrit pourra, après la décision qui lui sera communiquée, s'adresser au directeur de la librairie, s'il a des observations à lui présenter; et s'il n'obtenait pas la justice qu'il croit lui être due, il aurait recours au ministre de l'intérieur.

24. L'auteur qui voudra, l'imprimeur ou le libraire éditeur-propriétaire qui doit soumettre son manuscrit à un examen préalable, le présentera à Paris au directeur de la librairie; dans les départemens, au préfet. Si, après avoir obtenu la déclaration que l'ouvrage est sous la garantie de l'autorité, des motifs non prévus exigeaient qu'on en arrêtât la circulation, l'auteur ou éditeur-propriétaire aurait droit à une indemnité.

25. Les manuscrits présentés à l'examen par l'auteur ou par l'éditeur-propriétaire, seront enregistrés au secrétariat de la direction de la librairie, et il en sera donné un récépissé.

26. Nul imprimeur ne peut mettre un ouvrage sous presse, sans en faire la déclaration au préfet de son département, et à Paris, au directeur de la librairie. Les préfets donneront sans retard connaissance au directeur de la librairie, des déclarations qu'ils auront reçues des imprimeurs de leur département.

27. Si le nom de l'auteur n'est pas sur le titre de l'ouvrage, et que l'imprimeur ne puisse le faire connaître, il reste responsable.

TITRE IV.

De la Propriété littéraire et de sa Garantie.

28. Le droit de propriété est garanti à l'auteur et à sa veuve pendant leur vie, et à leurs enfans pendant vingt ans.

29. L'auteur peut céder son droit à un imprimeur ou libraire, ou à toute autre personne, qui est alors substitué à son lieu et place par lui et ses ayant-cause, comme il est dit à l'article précédent.

30. Tout auteur éditeur de ses propres ouvrages, mais qui veut, sur le titre, en annoncer la vente chez les imprimeurs ou libraires, tout imprimeur ou libraire propriétaire-éditeur d'un ouvrage, paiera, à la direction de la librairie, en obtenant la déclaration qui met sa propriété sous la garde de l'autorité pour la poursuite des contrefacteurs, la somme de *deux francs* par feuille d'impression tirée à mille exemplaires, quel que soit le format ; cette somme augmentera d'*un franc* par chaque fois cinq cents de tirage au-dessus du premier mille.

Il n'y a pas de fraction au-dessous de cinq cents.

31. Les ouvrages qui par le temps n'appartiennent plus aux enfans ou ayant-cause des auteurs, ne pourront être réimprimés sans l'autorisation du directeur de la librairie, qui l'accordera ou la refusera, après avoir consulté les imprimeurs et libraires désignés par nous pour former son conseil. Sa décision sera motivée sur les intérêts généraux du commerce de la librairie, et signée par lesdits imprimeurs et libraires,

32. L'autorisation accordée par le directeur de la librairie pour la réimpression des ouvrages qui par le temps n'appartiennent plus aux enfans des auteurs ou à leurs ayant-cause, désignera le format de l'édition, le nombre des exemplaires, et le temps limité pour son débit. Cette autorisation sera imprimée à la dernière page de ladite édition.

33. Tout éditeur qui aura obtenu l'autorisation énoncée

à l'article précédent, paiera par chaque feuille d'impression tirée à mille exemplaires, quel que soit le format, la somme de *quatre francs* : cette somme augmentera de *deux francs* par chaque fois cinq cents de tirage au-dessus du premier mille. Il n'y a pas de fraction au-dessous de cinq cents.

34. L'autorisation énoncée en l'article 32 met l'édition qui la porte au rang des autres propriétés littéraires, et est garantie par les mêmes lois.

TITRE V.

De la Direction de l'Imprimerie et de la Librairie.

35. Il sera attaché au ministère de l'intérieur un directeur de la librairie.

36. Il aura sous sa dépendance les inspecteurs qu'il sera jugé nécessaire d'établir.

37. Il travaillera avec le ministre de l'intérieur, et fera exécuter ses décisions.

38. Il recevra et fera exécuter les ordres du ministre de la police générale, sur tout ce qui intéresse la tranquillité publique dans le commerce de la librairie.

39. Les inspecteurs qui pourraient être établis dans les départemens, seront subordonnés aux préfets.

TITRE VI.

Des Délits en matière de Librairie, et du Mode de les punir.

40. Le délit de contre - façon est punissable d'amendes, confiscation, dommages - intérêts, et même de détention, s'il y a lieu.

41. Les tribunaux correctionnels connaissent de ce délit, et prononcent, sauf le recours aux cours supérieures.

42. Les autres contraventions sont du ressort de l'administration.

Cependant la réparation des injures faites, ou le préjudice porté aux particuliers, par suite du droit d'imprimer, peut toujours être poursuivi devant les tribunaux.

43. Il y a lieu à confiscation et amendes au profit de l'État, dans les cas suivans :

1.º Si l'ouvrage est sans nom d'imprimeur ;

2.º Si l'imprimeur n'a pas fait, avant l'impression de l'ouvrage, la déclaration prescrite par l'article 26 ;

3.º Si, l'ouvrage ayant été présenté à l'examen, l'éditeur-propriétaire le publie sans la déclaration du directeur de la librairie portée à l'article 19 ;

4.º Si étant imprimé à l'étranger, il est présenté à l'entrée sans permission, ou circule sans être estampillé ;

5.º Si c'est une contrefaçon déclarée telle par les tribunaux, et sans préjudice des dommages-intérêts envers l'auteur ou éditeur ou leurs ayant-cause.

44. L'amende sera de trois cents francs au moins, et de trois mille francs au plus.

TITRE VII.

Du Mode de constater les Délits et Contraventions.

45. Les délits et contraventions sont constatés par les inspecteurs de la librairie, les officiers de police à ce autorisés, et par les préposés aux douanes, pour les livres venant de l'étranger. Chacun dresse procès-verbal de la nature du délit et contravention, des circonstances et dépendances, et le remet au préfet de son arrondissement pour être adressé au directeur de la librairie ; à Paris, ce procès-verbal lui est remis directement.

46. Les procureurs généraux ou impériaux sont tenus de poursuivre d'office, dans tous les cas prévus par le présent décret, sur la simple remise des procès-verbaux dûment affirmés.

TITRE VIII.

Des Livres imprimés à l'étranger.

47. Aucun livre en langue française et latine, imprimé à l'étranger, ne pourra entrer en France sans payer un

droit, pour lequel il sera fait un tarif spécial, lequel ne pourra être au-dessous de cinquante pour cent de la valeur du livre.

48. Aucun livre en langue française ou étrangère, imprimé hors de France, ne pourra être introduit en France sans une permission du ministre de la police générale, annonçant le bureau des douanes par lequel il entrera.

49. En conséquence, tout ballot de livres venant de l'étranger, sera mis, par les préposés des douanes, sous corde et sous plomb, et envoyé soit à la préfecture ou sous-préfecture la plus voisine, soit au commissariat général de police le plus voisin.

50. Si les livres sont reconnus conformes à la permission, chaque exemplaire, ou le premier volume de chaque exemplaire, sera marqué d'une estampille au lieu du dépôt provisoire, et ils seront remis au propriétaire.

TITRE IX.

Dispositions diverses.

51. Chaque imprimeur sera tenu de déposer à la préfecture de son département, et à Paris à la direction de la librairie, quatre exemplaires de chaque ouvrage, savoir : un pour la bibliothèque impériale, un pour le ministre de l'intérieur, un pour le ministre de la police générale, un pour la direction de la librairie.

52. Le produit des confiscations et amendes au profit de l'État, reçu par les agens du domaine, sera versé à la caisse de la direction de la librairie; l'emploi en sera déterminé par le ministre de la police générale.

53. Il sera statué par des réglemens particuliers sur ce qui concerne,

1.° Les imprimeurs et libraires; leur réception et leur police ;

2.° Les libraires étaleurs ;

3.° Les fondeurs de caractères ;

1622 *quater.*

4.° Les graveurs ;

5.° Les relieurs, et toutes les autres parties de l'art et du commerce de l'imprimerie et librairie.

54. Ces réglemens seront proposés et arrêtés en Conseil d'état, sur le rapport du ministre de l'intérieur.

55. Nos ministres sont chargés, chacun en ce qui le concerne, de l'exécution du présent décret, qui sera inséré au Bulletin des lois.

À PARIS, DE L'IMPRIMERIE IMPÉRIALE.
25 Décembre 1809.

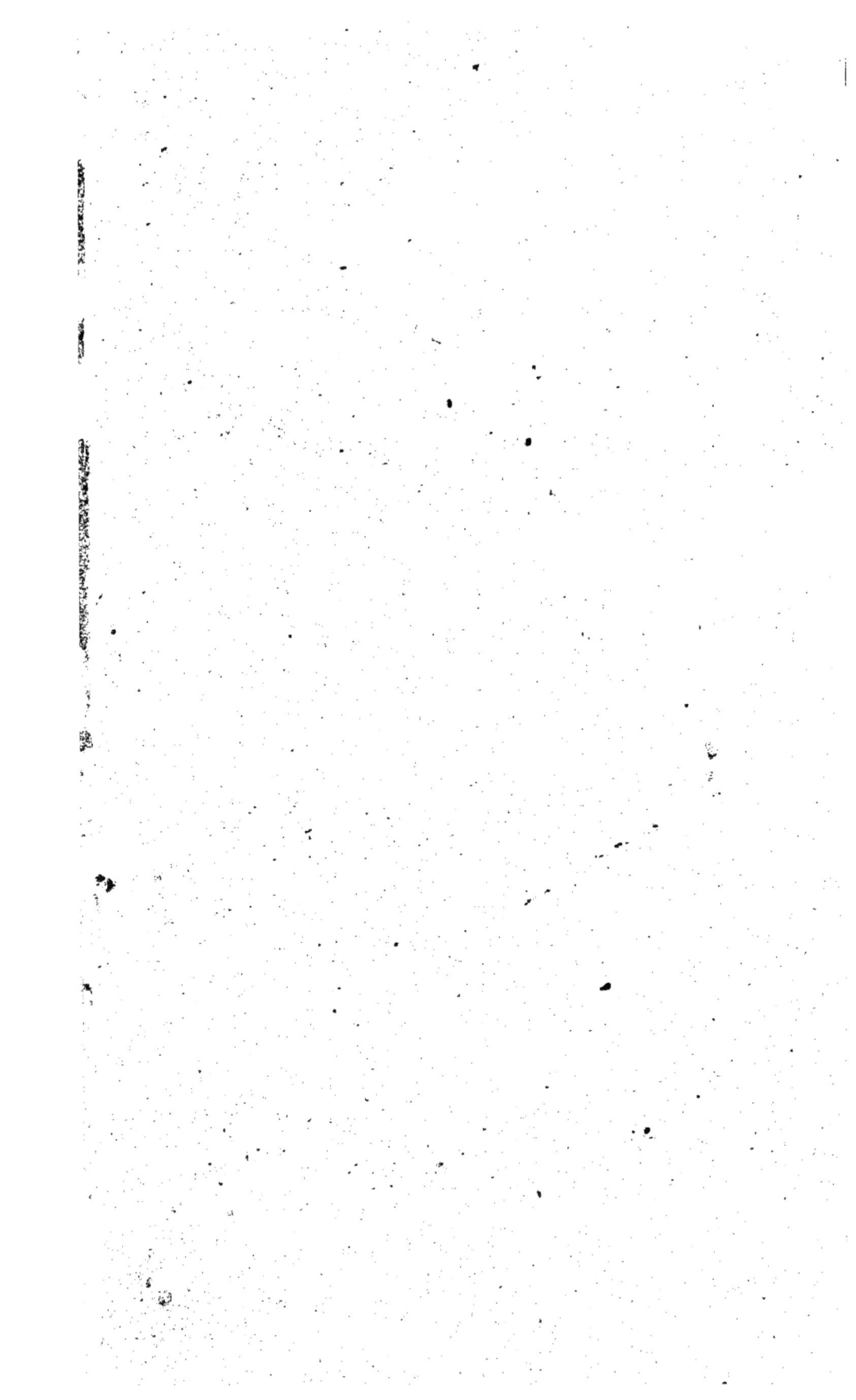

www.ingramcontent.com/pod-product-compliance
Lightning Source LLC
Chambersburg PA
CBHW050436210326
41520CB00019B/5955